AUTOR:

PEDRO ROJAS PEDREGOSA

TÉCNICAS PRÁCTICAS PARA DESARROLLAR SESIONES DE KIN-BALL EN CLASES DE EDUCACIÓN FÍSICA

©Copyright: Pedro Rojas Pedregosa
©Copyright: De la presente Edición, Año 2017 WANCEULEN EDITORIAL

Título: TÉCNICAS PRÁCTICAS PARA DESARROLLAR SESIONES DE KIN-BALL EN CLASES DE EDUCACIÓN FÍSICA
Autores: PEDRO ROJAS PEDREGOSA

Editorial: WANCEULEN EDITORIAL
Sello Editorial: WANCEULEN EDITORIAL DEPORTIVA

ISBN (Papel): 978-84-9993-777-9
ISBN (Ebook): 978-84-9993-778-6

Impreso en España. 2017.

WANCEULEN S.L.
C/ Cristo del Desamparo y Abandono, 56 - 41006 Sevilla
Dirección web: www.wanceuleneditorial.com y www.wanceulen.com
Email: info@wanceuleneditorial.com

Reservados todos los derechos. Queda prohibido reproducir, almacenar en sistemas de recuperación de la información y transmitir parte alguna de esta publicación, cualquiera que sea el medio empleado (electrónico, mecánico, fotocopia, impresión, grabación, etc), sin el permiso de los titulares de los derechos de propiedad intelectual. Cualquier forma de reproducción, distribución, comunicación pública o transformación de esta obra solo puede ser realizada con la autorización de sus titulares, salvo excepción prevista por la ley. Diríjase a CEDRO (Centro Español de Derechos Reprográficos, www.cedro.org) si necesita fotocopiar o escanear algún fragmento de esta obra.

ÍNDICE

INTRODUCCIÓN 7
1. HISTORIA DEL KIN-BALL 9
2. LA COOPERACIÓN 10
3. SITUACIONES DE ÉXITO Y DISFRUTE 10
4. PRESENTACIÓN DEL DEPORTE: KIN-BALL 11
5. FUNDAMENTOS DEL JUEGO 11
6. RESUMEN DEL REGLAMENTO 12
7. SESIONES PRÁCTICAS PARA LAS CLASES DE EDUCACIÓN FÍSICA 15
    7.1. El juego de transportar balones 17
    7.2. El juego de los aros 19
    7.3. El juego del rodeo 21
    7.4. El juego del atrapa balones 23
    7.5. El juego del ciempiés 25
    7.6. El juego de la memoria 27
    7.7. El juego del corredor 29
    7.8. El juego de los cangrejos 31
    7.9. El juego de la zona de peligro 33
    7.10. El juego del caza patos 35
    7.11. El juego del equilibrista 37
    7.12. El juego de las cuatro esquinas 39
    7.13. El juego del saltamontes 41
    7.14. El juego de las manos libres 43
    7.15. El juego de la lluvia de meteoritos 45
    7.16. El juego del Kin-Ball Béisbol 47
8. BIBLIOGRAFÍA 50

INTRODUCCIÓN

La vida es un juego en la que una parte, de ella, te la dedicas a practicar y la otra a jugar. Aunque en mi opinión, todo es juego en la vida. Un nacimiento y una muerte constante de sabiduría y aprendizaje, en la que pasamos por diversas fases de desarrollo. La primera, en la que, siendo aun noveles, descubrimos cosas por nosotros mismos mediante la práctica constante y diaria de su desarrollo y las reglas de juego que rigen el rumbo en el tablero donde nos movemos; la segunda, en la que te conviertes en aprendiz de algunas cosas que te ayudan a seguir jugando, y a seguir aprendiendo; la tercera, cuando te conviertes en "sabio", no todo el mundo lo consigue, de todo y de nada, para entender el desarrollo de este juego que es la vida; y la cuarta, en la que abandonas el juego y dejas paso a otros para que ocupen tu puesto en él, o como diría Séneca – *abandonas el número de los vivos-*.

Hay momentos en los que crees haber alcanzado una cumbre muy alta con la culminación de tu trabajo, te sientes bien, y te crees afortunado por haber experimentado sensaciones nuevas y por haber conocido a otros iguales que te han ayudado en la culminación de algo con un carácter muy importante para ti. Te crees afortunado, con suerte, aun sabiendo que esa suerte haya podido haber sido la sonrisa de lo desconocido, y envuelto en una burbuja que te hace ver las cosas de otra manera distinta a la habitual, sin tantas ataduras y con más libertad, aunque luego descubres que esa libertad no existe realmente, no la poseemos del todo, simplemente nos vemos obligados a jugar en el siguiente casillero que nos marca la vida, pues nos limitamos a ser empujados por ella.

Siempre me ha gustado molestar con la verdad y no agradar – como decía Séneca- con ondulaciones, y esto me ha acarreado multitud de retrocesos en las casillas del juego de mi vida, pero me ha ayudado a consolidar un fuerte espíritu de libertad, de decisión, de cara al fortalecimiento de mis ideas, de mi ideología, de mi selección de amistades, etc., que a la postre, te hacen avanzar con más firmeza y seguridad, si cabe, en el tablero de juego. No haberme dejado llevar por – Cantos de Sirenas- y el haber perseguido mis ideas, es lo que ha hecho que hoy vea la luz este libro, por que al final de todo, no es lo que dura el juego, sino lo bien que lo hayamos hecho.

Los contenidos que tienes entre tus manos son un reto más que he tenido que jugar en mi vida. Ahora, tú, tienes la oportunidad de plantearte y de jugar con él, el tuyo propio. Puedes leerlo, aprender cosas nuevas y llevarlas a la práctica, mejorarlas y perfeccionarlas, o simplemente copiarlas, porque también es verdad -como diría, nuevamente, Séneca- que en un mar tranquilo cualquiera puede ser piloto y en el juego de la vida puedes dejarte llevar por los demás, aunque yo no te lo recomiendo.

1. HISTORIA DEL KIN-BALL

El KIN-BALL® fue inventado por Mario Demers, Licenciado en Educación Física canadiense en el año 1986, con el objetivo de promover la salud, la cooperación, el trabajo en equipo y la deportividad. Está diseñado para dar a todos la oportunidad de jugar y su sistema de puntuación asegura que todos los equipos consigan puntuar. Mario Demers ha enseñado a más de 28.000 profesores el deporte del KIN-BALL®.

El KIN-BALL® es un deporte federado reconocido en Canadá, Japón, Estados Unidos y Bélgica aglutinando un total de 3,2 millones de jugadores. En dos ocasiones ha sido presentado como deporte de exhibición en los Juegos de Québec y se han iniciado las gestiones para presentarlo como Deporte Olímpico. En junio del 2001 se celebró en Québec el primer Torneo Internacional y en diciembre de 2003 el primero europeo.

Objetivos pedagógicos: LOS VALORES DEL KIN-BALL

Mario Demers, profesor de Educación Física canadiense, es el inventor del KIN-BALL. Su preocupación era buscar un deporte que pudiera responder a los siguientes objetivos:

- Permitir a los chicos y a las chicas practicar juntos el mismo deporte.
- Facilitar el aprendizaje de las técnicas para que puedan ser adquiridas en poco tiempo.
- Ofrecer placer y éxito desde los primeros minutos de juego.
- Promover la integración de los estudiantes poco hábiles y ofrecerles la posibilidad de formar por completo parte de un equipo.
- Exigir un verdadero trabajo en equipo, eliminando el individualismo, tan presente en nuestra sociedad.

Mario Demers ha conseguido integrar estos valores y exigencias en el propio reglamento de juego. En efecto, el desarrollo del KIN-BALL® se hace en medio de muchos valores como la cooperación, el respeto, el espíritu de equipo y la accesibilidad técnica del juego, y todo ello creando las condiciones necesarias para reforzar la sensación de éxito de los participantes. Estos valores son parte integrante del deporte y son tan importantes unos como otros. Profundizaremos a continuación en alguno de ellos.

2. LA COOPERACIÓN

Este deporte favorece inevitablemente la cooperación. Esto permite mantener un juego dinámico sin que existan jugadores pasivos, como en la mayor parte de los otros deportes, donde el más débil está excluido por no estar en el lugar adecuado en el momento preciso. Ya sea en competición o en un sencillo partido recreativo, la cooperación en el KIN-BALL® se ve continuamente, y como no se permite ningún contacto físico, la violencia física no puede tener cabida. Un jugador "estrella" puede siempre destacar de los demás, pero no puede ganar sin sus compañeros. Esto configura un deporte que elimina todo individualismo, ya que cada uno de los miembros del equipo debe tener contacto con el balón. El partido se gana siempre en equipo y siempre en cooperación.

3. SITUACIONES DE ÉXITO Y DISFRUTE

Cualquier persona puede jugar al KIN-BALL. Esto no requiere más que unas pocas habilidades técnicas por parte del debutante. En este ambiente de éxito y placer, el debutante estará preparado para seguir al grupo y para evolucionar con él. La técnica requerida en este deporte es fácil de aprender: en 30 minutos los participantes la conocen ya de forma suficiente para divertirse. Mediante un reglamento sencillo, un balón ligero y un equipo de cuatro jugadores, todos los participantes tocan el balón y cada uno tiene su momento para jugarlo. Todos estos elementos hacen, en definitiva, que el participante se considere parte integrante del equipo y de la acción. En este contexto, incluso el más reticente obtiene placer practicando una actividad deportiva.

4. PRESENTACIÓN DEL DEPORTE: KIN-BALL

¡Un deporte colectivo diferente a los otros!

¡3 equipos en el terreno de juego!

¡4 jugadores por equipo!

¡Un balón de 1,22m. y menos de un kilo de peso!

¡Todos los jugadores del equipo son necesarios en cada jugada!

5. FUNDAMENTOS DEL JUEGO

Tres equipos de cuatro jugadores juegan a la vez con un balón gigante de 1,20 m. de diámetro con un peso de 1 kg.

El equipo en posesión del balón (NEGRO) tienen que decir OMNIKIN® y el color del equipo que debe interceptarlo (ROSA O GRIS).

Cuando oigas tu color, tu equipo tiene que coger el balón antes de que toque el suelo.

Si cogéis el balón es vuestro turno de saque.

Si no lo cogéis, los otros dos equipos anotan un (1) punto cada uno y tu equipo pone de nuevo el balón en juego.

Los jugadores que defiende deben formar un cuadrado alrededor del balón manteniendo una distancia de 3-4 metros.

Este cuadrado sigue los movimientos del balón y cada jugador es responsable de una esquina del cuadrado.

6. RESUMEN DEL REGLAMENTO

Terreno de juego:

- Un cuadrado de 21 metros de lado.

Duración:

- Un partido consta de tres (3) períodos de quince (15) minutos.
- Si hay un empate al final del mismo se continúa hasta que un equipo se adelante en el marcador.

El lanzamiento:

- Para que un lanzamiento sea correcto, tres (3) de los jugadores del equipo deberán mantener contacto con el balón. El cuarto jugador dispone en ese momento de 5 segundos para lanzar.
- Antes del lanzamiento, el lanzador debe gritar "*Omnikin*®" seguido del color de uno de los dos equipos contrarios.
- El balón debe recorrer una distancia equivalente a dos (2) veces su diámetro antes de tocar el suelo. Esta prohibido lanzar el balón hacia abajo.
- La misma persona no puede hacer el lanzamiento dos (2) veces consecutivas.

La recepción:

- Se puede jugar el balón con todas las partes del cuerpo.
- A partir del momento en que hay tres (3) jugadores del mismo equipo en contacto con el balón, no pueden desplazarse. Sin embargo, los jugadores en contacto con el balón pueden pivotar sobre un pie.

La carrera:

- Uno o dos jugadores pueden correr con el balón para buscar una posición más favorable en el campo, desplazando así el juego y a los adversarios. Esta estrategia puede también utilizarse para ayudar a un compañero que corre más lento, desplazando el balón a su encuentro.

El pase:

- Se puede pasar el balón a otra persona para conseguir ganar terreno rápidamente. Normalmente, el jugador que ha hecho el pase a su equipo será el que haga el servicio.
- Solo se permiten 2 pases por jugada.

Saque de banda:

- Cuando el balón sale fuera de los límites del campo, se produce una falta del equipo que lo tocó en último lugar (y por tanto un punto para cada uno de los equipos contrarios.
- La reanudación del juego la realiza el equipo infractor mediante un lanzamiento desde la parte del campo más cercana a la salida del balón

Puntuación:

Siempre que un equipo cometa una falta los otros dos equipos consiguen un punto cada uno.

Obstrucción:

- Cuando un jugador bloquea de manera intencionada a un adversario sin que se haya nombrado su equipo se anotan un (1) punto los otros dos equipos.
- En caso de obstrucción involuntaria se reanuda el juego por parte del equipo que lanzó.

Juego limpio:

Cuando un jugador es irrespetuoso con sus compañeros tendrá los siguientes avisos:

- *Primer aviso:* Los dos equipos contrarios reciben un (1) punto.
- *Segundo aviso:* Los dos equipos contrarios reciben cinco (5) puntos.
- *Tercer aviso:* Expulsión del jugador infractor.
- *Cuarto aviso:* Expulsión del equipo del jugador infractor.

El partido prosigue con los dos equipos restantes.

7. SESIONES PRÁCTICAS PARA LAS CLASES DE EDUCACIÓN FÍSICA

Anteriormente se ha explicado la importancia que tienen los juegos cooperativos dentro y fuera del sistema escolar y la necesidad de enfocar la educación hacia valores más humanos y menos competitivos. El aprendizaje cooperativo, hace que consigamos nuestras metas y objetivos a través de éstas y de los objetivos del grupo, valorándose mucho más entre los participantes el esfuerzo y la motivación por aprender. Nos encontramos en un momento de incertidumbre, de cruce de caminos, en el que se está produciendo una situación de profundos cambios sociales y psicológicos, y en la que se necesita un nuevo planteamiento a la hora de enseñar, un cambio en la forma de educar y de enfocar la escuela, y en la que la responsabilidad del educador será la de provocar el deseo de aprender, No nos podemos contentar con dar de beber a quienes ya tienen sed. También hay que dar sed a quienes no quieren beber.

Nuestra actividad mental y nuestro comportamiento están apoyados en un contexto cultural que nos hace fácil o difícil esta actividad. Dependemos de los demás para construir nuestro éxito y los demás de nosotros, así como de nuestra caja de herramientas o capacidades propias para elaborar nuestra construcción personal. Hagamos, pues, de la cooperación un marco de referencia para que el alumnado tenga un papel más activo en su aprendizaje, sepa cooperar con los demás en la lucha contra la exclusión, el fracaso escolar, la violencia de género y la escolar, así, como la promoción de la participación y el reto de la interculturalidad, entre otras acciones básicas, en nuestro entorno social y académico.

La batería de juegos que aquí propongo es un botón de muestra de lo mucho que se puede llegar a hacer con unos simples balones, y como iniciación al maravilloso juego del Kin-Ball.

NOMBRE: EL JUEGO DE TRANSPORTAR EL BALÓN

EDAD:

- Mayores de ocho años

MATERIAL:

- Balones de kin-ball de 46 ó 61 cm., o similares.
- Palos de hockey o de lacrosse

LUGAR:

- Interior
- Exterior

ADAPTABILIDAD:

- Puede ser adaptado para personas con deficiencia psíquica.

OBJETIVOS:

- El objetivo de este juego es transportar el balón sobre un palo de hochey o de lacrosse, sin que se caiga al suelo.

DESARROLLO:

- Los participantes estarán en línea y dejarán por lo menos 5 pasos grandes entre ellos.
- El balón estará inmóvil sobre el suelo. El primer participante debe tomarlo con su palo y transportarlo hasta el próximo en la línea.
- Después de haber dado el balón al siguiente participante debe inmovilizarlo colocando su palo sobre la parte superior del balón para repetir de nuevo la secuencia con el suyo.

REGLAMENTACIÓN:

- El balón no debe rebotar sobre el palo, siempre debe estar en contacto con este.
- Ambas manos deben estar siempre sobre el palo cuando se controla el balón.
- El balón solamente puede ser tocado por el palo.
- Nadie puede avanzar para ir a buscar el balón.
- Cuando el balón cae al suelo el participante debe inmovilizarlo en el suelo antes de continuar jugando.

VARIANTES:

- Los palos recomendados son:
  * Debutantes: Palo de lacrosse.
  * Intermedios: Palo de Hockey.
  * Avanzados: Escoba u otro elemento de mayor dificultad.
- Los participantes se colocarán en círculo y tratarán de hacer la vuelta al círculo lo más rápidamente posible pasándose el balón y sin que se caiga.
- Añadir más de un balón a la vez en el círculo.

COMENTARIOS:

- Antes de comenzar, debemos explicar bien las reglas del juego. Cuando el alumnado conoce bien las reglas y tiene buen dominio del palo y del balón pueden modificarse las reglas con el fin de aumentar la rapidez del juego.

EXPLICACIÓN GRÁFICA DEL JUEGO:

NOMBRE: EL JUEGO DE LOS AROS
EDAD: • Mayores de diez años
MATERIAL: • Balones de kin-ball de 46 ó 61 cm., o similares.   • Aros
LUGAR: • Interior   • Exterior   • Piscina
ADAPTABILIDAD: • Puede ser adaptado para personas con deficiencia psíquica.
OBJETIVOS: • El objetivo de este juego es que los 3 jugadores atraviesen el laberinto sin que el balón sea interceptado.
DESARROLLO: • Los aros son lugares sobre el suelo de manera que forman un laberinto de una línea a otra   • La distancia entre los aros deberá ser 3 veces el diámetro del balón utilizado.   • Todos los jugadores, salvo 3 que se colocan uno por cada aro, se sitúan fuera de los aros.   • Los jugadores en los aros actúan como obstáculos e intentan interceptar el balón utilizando sólo sus manos.   • Los 3 jugadores restantes deben correr por el laberinto haciéndose pases entre ellos.
REGLAMENTACIÓN: • Los participantes que están en los aros no pueden salirse de ellos, no pueden saltar ni dar patadas.   • Se dice que se ha interceptado el balón cuando un jugador ha atrapado el balón estando en el interior de su aro.

REGLAMENTACIÓN:

- Para los 3 jugadores con balón:
  - El jugador en posesión del balón no puede desplazarse cuando está en su poder.
  - Este jugador puede pasar el balón a un compañero de equipo haciéndolo botar o lanzándolo al aire.
  - No puede dar dos pases consecutivos entre dos mismos jugadores.
  - Cuando hay una interceptación, los jugadores en los 3 primeros aros se convierten en equipo de corredores. Así, todos los demás jugadores cambian de aros y se acercan 3 aros más cerca a la línea de salida
  - El último equipo interceptado es el que toma sitio en los 3 últimos aros cerca de la línea de llegada.

VARIANTES:

- Este juego puede también ser jugado en piscina. Sin embargo, el número de jugadores, aparte de los aros, debe ser aumentado a 5.

COMENTARIOS:

- Se debe tener suficiente espacio entre los aros para favorecer un alto nivel de éxito para los jugadores que están dentro de los aros. De esta manera, el juego se desarrollará más rápidamente y ellos tendrán la posibilidad de probar la victoria
- Los aros deben ser repuestos después de cada una de las pruebas con el fin de asegurarse que todos gozan de las mismas posibilidades. Puede que pasado un tiempo de juego algunos intenten hacer trampas desplazando ligeramente su aro.

EXPLICACIÓN GRÁFICA DEL JUEGO:

NOMBRE: EL JUEGO DEL RODEO

EDAD:

- Mayores de ocho años

MATERIAL:

- Balones de kin-ball de 84 a 102 cm., o similares.
- Colchonetas

LUGAR:

- Interior

ADAPTABILIDAD:

OBJETIVOS:

- El objetivo de este juego es pasar el mayor tiempo posible subido sobre el balón.

DESARROLLO:

- Este juego se celebra como un rodeo normal con la excepción de que se reemplaza al toro por un balón.
- A los participantes se les presta ayuda para subirse al balón y luego tratan de guardar el equilibrio sentados en él.
- Se colocan colchonetas alrededor del balón y todos, a excepción del profesor, se alejan de las colchonetas cuando el participante está listo.
- El jinete trata de rebotar sobre el balón el mayor tiempo posible.

REGLAMENTACIÓN:

- La puntuación será el tiempo que pase montado en el balón.
- Una vez se ponga en funcionamiento el crono no se debe rebotar sobre el balón.
- Una competición por equipos puede ser organizada y la puntuación final será el total del tiempo que han estado sus jugadores mantenidos sobre el balón.
- El tiempo deja de contar tan pronto como una parte del cuerpo toca las colchonetas.

VARIANTES:

- Para un nivel más avanzado los participantes serán animados a montar teniendo una mano constantemente en el aire.

COMENTARIOS:

- Los juegos de rodar y caer sobre colchonetas siempre son del agrado del alumnado.
- Los profesores siempre tienen una buena opinión de este juego por parte de sus alumnos-as.
- Los espectadores pueden participar alentando al participante como si de vaqueros se tratara.
- Utilizar colchonetas más gruesas para los más jóvenes.
- El alumnado deberá ensayar a la hora de montarse sobre el balón. Los más pequeños serán ayudados por el profesorado.

EXPLICACIÓN GRÁFICA DEL JUEGO:

NOMBRE: EL JUEGO DEL ATRAPA BALONES
EDAD:
- Mayores de ocho años
MATERIAL:
- Balones de kin-ball de 84 a 102 cm., o similares. - Aros
LUGAR:
- Interior - Exterior - Piscina
ADAPTABILIDAD:
- Adaptado a personas con deficiencias psíquicas.
OBJETIVOS:
- El objetivo de este juego es coger el balón el mayor número de veces consecutivas antes de que el balón toque el suelo.
DESARROLLO:
- Cada uno de los grupos está dividido en equipos de dos jugadores. - Ambos miembros del equipo tienen un aro. - El balón estará colocado sobre el aro (el balón debe ser más grueso que el aro). - De un golpe de pie o de rodilla un jugador golpea el balón hacia arriba. - Otro equipo debe coger el balón con el aro antes de que toque el suelo.
REGLAMENTACIÓN:
- Ambas manos deben quedar en contacto con el aro en todo momento. - Un equipo debe esperar 2 veces antes de poder atrapar el balón de nuevo. - En cuanto el balón toca el suelo o cuando una regla no es respetada la puntuación vuelve a cero.

VARIANTES:

- El profesor puede nombrar el color del aro del equipo siguiente antes de la patada; solamente, así, el equipo nombrado tendrá derecho a coger el balón. Es más fácil, de esta manera, determinar que equipo será el próximo en participar y que todos los participantes tengan la posibilidad de jugar.
- Este juego puede ser, fácilmente, jugado en piscina golpeando el balón con las manos más bien que con los pies.
- Un equipo puede tratar de coger un balón que ha sido golpeado contra la pared por otro equipo.
- Los participantes pueden golpear el balón con sus rodillas y cogerlo después de un bote en el suelo.

COMENTARIOS:

- Es importante, decir, que los participantes golpeen el balón directamente en el aire con el fin de evitar que su compañero de equipo sea golpeado en la cara por el balón.
- Es recomendable hacer algo de práctica antes de comenzar el juego.

EXPLICACIÓN GRÁFICA DEL JUEGO:

NOMBRE: EL JUEGO DEL CIEMPIES
EDAD:
• Mayores de ocho años
MATERIAL:
• Balones de kin-ball de 46 a 61 cm., o similares. • Colchonetas
LUGAR:
• Interior • Exterior
ADAPTABILIDAD:
OBJETIVOS:
• El objetivo de este juego es hacer viajar al "ciempiés" de una línea a otra.
DESARROLLO:
• Hacer equipos de 4 u 8 jugadores cada uno. • El "ciempiés" es, de hecho, uno de los participantes que está echado, boca abajo, sobre 3 ó 4 balones; estos balones forman sus patas. • No obstante, el participante no puede simplemente quedarse en el sitio, debe hacer una distancia cierta arrastrándose sobre los balones. • Un participante es el cuerpo del ciempiés y otros deben ayudarle a avanzar asegurándose que el cuerpo tiene siempre patas (balones) bajo él. • Cuando un balón queda libre del ciempiés el equipo lo coloca inmediatamente en la parte de delante y lo coloca debajo del cuerpo del "ciempiés".
REGLAMENTACIÓN:
• Si el participante cae sobre la colchoneta, puede repetir su sitio o ser reemplazado por un otro participante. • La distancia que hay que recorrer puede ser aumentada añadiendo obstáculos, según las capacidades de los jugadores.

VARIANTES:

- El equipo puede fingir que es un equipo de seguridad que debe transportar a un herido al hospital sobre una camilla.

COMENTARIOS:

- El mejor modo de hacer participar a todo el mundo es hacer recorrer distancias más cortas y de hacer a menudo cambios de equipos. Para la puntuación podemos utilizar un período de tiempo más bien que una distancia.
- Los Balones del mismo grosor pueden ser utilizados para los iniciados, más tarde, el desafío se realizaría con balones más grandes.
- Cada participante lleva a cabo una misión:
    - 1-2 jugadores ayudan para guardar el equilibrio.
    - 1-2 jugadores ayudan a pasar el balón adelante.
    - 1-2 jugadores ayudan a colocar los balones delante del compañero.
- Los participantes más jóvenes deben utilizar balones más pequeños, así, como un número más grande de miembros por equipo.

EXPLICACIÓN GRÁFICA DEL JUEGO:

NOMBRE: EL JUEGO DE LA MEMORIA

EDAD:

- Mayores de cuatro años

MATERIAL:

- Balones de kin-ball de 46 a 183 cm., o similares.
- Cilindros.

LUGAR:

- Interior
- Exterior

ADAPTABILIDAD:

- Adaptado para personas con deficiencias psíquicas.

OBJETIVOS:

- El objetivo de este juego es hacer la mayor variedad de combinaciones posibles con los balones.

DESARROLLO:

- Los balones están colocados sobre 4 á 6 cilindros. Podemos también utilizar cubos de la basura o algo parecido.
- Balones de diferentes grosores están colocados sobre cada uno de los cilindros.
- Un equipo de 8 jugadores dispondrá de 10 a 15 minutos para cambiar el orden de los balones tantas veces como sea posible.

REGLAMENTACIÓN:

- Un punto es concedido para cada nueva combinación que sea estable.
- Todos los jugadores deben estar detrás de una línea predeterminada antes de que el punto pueda ser concedido.
- En cuanto el punto es otorgado el profesor da la señal de regresar al juego y de buscar otra combinación.

VARIANTES:

- Para los jugadores más avanzados los balones pueden estar colocados más cerca unos de otros. Entonces será más difícil de colocar los balones sobre los cilindros sin que los otros se caigan.
- La misma combinación no puede ser aceptada dos veces. En una hoja se pueden ir anotando todas las combinaciones que se vayan realizando. Para 4 cilindros, hay 24 posibles combinaciones diferentes.

COMENTARIOS:

- Los 5 primeros minutos de este juego son generalmente desordenados; los balones vuelan en todos los sentidos. Varios jugadores se dirigen hacia el mismo balón y, en la inmensa mayoría de los casos, no pueden controlarlo. Después de algunos minutos y una explicación breve sobre la importancia que tiene el cooperar conjuntamente suelen obtener mejores resultados.
- Los participantes más jóvenes deberían presentarse con 3 pequeños balones y, más tarde, utilizar balones más gruesos para aumentar el nivel de dificultad.
- Con los jóvenes participantes un profesor debe supervisar el grupo. Pueden fingir que se trata de pelotas gigantes de golf que hay que colocarlas sobre el "Tee" o como una comunidad de hormigas que trabajan juntas.

EXPLICACIÓN GRÁFICA DEL JUEGO:

NOMBRE: EL JUEGO DEL CORREDOR
EDAD:
- Mayores de cuatro años
MATERIAL:
- Balones de kin-ball de 46 a 183 cm., o similares.
LUGAR:
- Interior
- Exterior
- Piscina
ADAPTABILIDAD:
- Adaptado para personas con deficiencias psíquicas.
OBJETIVOS:
- Pasar el balón, controlado, de un lado a otro por los corredores.
DESARROLLO:
- Formar 2 líneas una frente a la otra. La distancia entre las 2 líneas es igual a la anchura del balón utilizado.
- Este juego está basado en el control del balón.
- Los jugadores deben transportar el balón de un extremo a través del corredor humano.
REGLAMENTACIÓN:
- Todos los jugadores deben tocar el balón. Si uno de los participantes no lo toca el balón retrocede hasta ese jugador.
- Si el balón toca el suelo por primera vez se comienza desde ese lugar si vuelve a caer regresará al punto de salida inicial.

VARIANTES:

- He aquí ciertas posiciones que pueden ser utilizadas en el juego:
  - Levantado o sentado
  - Enfrente uno del otro
  - De espalda
  - Balón rodando por el suelo
  - Acostado
  - Cabeza contra cabeza
  - Pies contra pies
  - etc.

  Para las posiciones de sentados y acostados, 2 jugadores deberían estar colocados por cada lado del corredor con el fin de coger los balones que puedan salirse fuera.
- El mejor tiempo de cada equipo será el que marque la puntuación final.
- El diámetro del balón puede hacer que se produzca una diferencia en el juego. Cuanto mas diámetro más fácil será el juego a excepción del que hay que hacerlo con los pies.

COMENTARIOS:

- Este juego depara una buena ocasión de enseñar a los más grandes a ajustar sus acciones con arreglo a los más pequeños con el fin de hacer progresar el balón de modo más eficaz en el corredor.

EXPLICACIÓN GRÁFICA DEL JUEGO:

NOMBRE: EL JUEGO DE LOS CANGREJOS

EDAD:

- Mayores de ocho años

MATERIAL:

- Balones de kin-ball de 46 a 61 cm., o similares.
- Colchonetas

LUGAR:

- Interior
- Exterior

ADAPTABILIDAD:

OBJETIVOS:

- Intentar derribar el balón del contrario.

DESARROLLO:

- Dos participantes se enfrentan en esta competición amistosa.
- Cada participante estará boca arriba con los pies en el aire y apoyado por los codos. Entre los pies tendrá una pelota.

REGLAMENTACIÓN:

- El ganador es el primer jugador en ganar 2 juegos de cada 3.
- Solamente el balón puede ser utilizado para derribar el balón del otro jugador.
- Una penalización tendrá como resultado la pérdida de un juego.

VARIANTES:

COMENTARIOS:

- El profesor debe hacer que se enfrenten participantes del mismo tamaño y envergadura con el fin de que todos los participantes tengan las mismas posibilidades de ganar.
- Este juego es más fácil jugarlo utilizando balones de 46 cm.

EXPLICACIÓN GRÁFICA DEL JUEGO:

NOMBRE: EL JUEGO DE LA ZONA DE PELIGRO
EDAD:
• Mayores de cuatro años
MATERIAL:
• Balones de kin-ball de 46 a 183 cm., o similares.
LUGAR:
• Interior • Exterior
ADAPTABILIDAD:
OBJETIVOS:
• Pasar por la zona de peligro e intentar que no sean alcanzados por los balones.
DESARROLLO:
• Dos equipos frente a frente, separados por unos 4 metros. • Los balones están divididos apartes iguales entre ambos grupos. El grosor de los balones no tiene importancia, sólo el número de balones para cada equipo importa. Cuanto más hay mejor es. • Un participante de cada equipo es seleccionado para ser el jugador avanzado. • Ambos participantes, seleccionados, deben correr por la zona de peligro (entre ambas líneas humanas) sin ser tocados por los balones. • Una vez atravesada la zona, ambos corredores, regresan al final de su zona respectiva y son reemplazados por dos nuevos corredores. • Todos deben tener la oportunidad de correr por la zona de peligro.
REGLAMENTACIÓN:
• Este juego se llevará a cabo sin puntuar y por mero placer de jugar. • Los balones no deben, jamás, ser lanzados intencionalmente hacia la cabeza de otros participantes. • Los participantes deben quedarse en la línea para coger y lanzar los balones. • Aunque los jugadores son tocados su carrera se acabará cuando atraviesen la zona de peligro.

VARIANTES:

- Ambos participantes que atraviesan la zona de peligro pueden cogerse por la mano.

COMENTARIOS:

- Este juego es muy entretenido incluso para los adultos.
- Tiene poco riesgo de heridas. Generalmente los jugadores, que caen, se levantan con una sonrisa.

EXPLICACIÓN GRÁFICA DEL JUEGO:

NOMBRE: EL JUEGO DEL CAZA PATOS
EDAD: • Mayores de ocho años
MATERIAL: • Balones de kin-ball de 46 a 183 cm., o similares. • Bancos o conos.
LUGAR: • Interior
ADAPTABILIDAD:
OBJETIVOS: • Cazar el mayor número de "patos" posible.
DESARROLLO: • 3 ó 4 participantes son designados para ser los cazadores. • Todos los demás participantes harán de patos. • Los bancos o los conos se colocarán paralelos a la pared a una distancia de 3 metros de ésta. • Los patos son confinados en el espacio entre los bancos y la pared, mientras que los cazadores están al otro lado de los bancos. • Cada cazador recibe un balón. Su fin es alcanzar el mayor número de patos posible dentro de un período limitado del tiempo.
REGLAMENTACIÓN: • Períodos de 3 a 5 minutos. • Los patos y los cazadores deben quedar en sus zonas respectivas en todo tiempo. • Los patos jamás pueden tocar los balones. El profesor les devuelve a los cazadores todos los balones. • 1 punto es concedido por cada pato tocado. • Los patos deben continuar jugando hasta que son tocados y deben quedarse en movimiento. • Los puntos obtenidos por el cazador se sumarán al total que sumen los de su equipo. • Un balón todavía está en juego después de haber tocado una pared. Si un jugador es tocado por un balón en respuesta a un rebote sobre la pared o sobre otro "pato" se concede un punto a los cazadores. • Un nuevo equipo de cazadores toma sitio después de cada período.

VARIANTES:

- El grosor de los balones utilizados para este juego depende de la edad y de la fuerza de los participantes.
- Los bancos deben ser acercados a la pared cuando los balones son utilizados con niños.

COMENTARIOS:

EXPLICACIÓN GRÁFICA DEL JUEGO:

NOMBRE: EL JUEGO DEL EQUILIBRISTA
EDAD: • Mayores de cuatro años
MATERIAL: • Balones de kin-ball de 46 a 183 cm., o similares.   • Colchonetas.
LUGAR: • Interior   • Piscina
ADAPTABILIDAD:
OBJETIVOS: • Tratar de sostenerse, el mayor tiempo posible, sobre la parte superior de un balón.
DESARROLLO: • El participante se deja ayudar a subir sobre el balón donde trata de quedarse en equilibrio.   • Se colocarán colchonetas alrededor del balón y todos los demás participantes deben alejarse de ellas salvo el profesor.
REGLAMENTACIÓN: • La puntería es determinada por el tiempo total que el jugador se queda sobre el balón.   • Cada participante debe tener por lo menos un ensayo.   • Se puede organizar una competición por equipos. El resultado final será la suma de los tiempos de cada uno de los componentes del grupo.   • El tiempo se detendrá tan pronto como una parte del cuerpo toque la colchoneta o el suelo.

VARIANTES:

- Utilizando un balón de otro grosor obtenemos un juego totalmente diferente. Existe una diferencia notable entre guardar el equilibrio sobre un balón de 0,46 m y sobre el gigantesco de 0, 83 m.
- El participante puede tratar de guardar su equilibrio poniéndose de rodillas, sentándose, acostándose sobre el vientre o sobre la espalda, etc.

COMENTARIOS:

- Es importante que siempre haya alguien al lado del que esté realizando el ejercicio.

EXPLICACIÓN GRÁFICA DEL JUEGO:

	NOMBRE: EL JUEGO DE LAS CUATRO ESQUINAS
EDAD:	
	• Mayores de cuatro años

MATERIAL:

- Balones de kin-ball de 122 a 183 cm., o similares.
- Conos.

LUGAR:
- Interior
- Exterior
- Piscina

ADAPTABILIDAD:

OBJETIVOS:

- Lanzar el balón, en grupo, de esquina a esquina.

DESARROLLO:

- Los grupos deben estar divididos en 4 equipos iguales.
- La superficie de juego también está dividida (con la ayuda de conos o con la ayuda de líneas sobre el suelo) en 4 cuadrados.
- Cada equipo está en uno de los cuadrados.
- El balón es lanzado de esquina a esquina de manera que todos los miembros de un equipo puedan colocarse debajo del balón para cogerlo y lanzarlo.

REGLAMENTACIÓN:

- No hay puntería para este juego.
- El balón debe ser inmovilizado, por todos los jugadores de un equipo, antes de ser lanzado a otra esquina.
- Todos los participantes, del mismo equipo, deben estar en contacto con el balón en el momento del lanzamiento.
- El balón debe ser lanzado en una trayectoria ascendente y jamás directamente sobre alguien.
- Los participantes deben quedarse dentro de su cuadrado respectivo en todo momento.
- Si el balón cae al suelo, se recupera por parte del mismo equipo, y se vuelve a poner en juego.

VARIANTES:

- La puntería es una opción. Para que se señale un punto el balón debe tocar el suelo, dentro del cuadrado, de un equipo opuesto.
- Para dar más movimiento podemos jugar con más de un balón.

COMENTARIOS:

- Este juego es un modo excelente de enseñar la cooperación en el seno de un grupo ya que todos los participantes deben estar en contacto con el balón en el momento del lanzamiento. La comunicación y la cooperación son esenciales en este juego.
- Un capitán puede ser nombrado con el fin de asegurar la coordinación en el momento del lanzamiento.

EXPLICACIÓN GRÁFICA DEL JUEGO:

NOMBRE: EL JUEGO DEL SALTAMONTES
EDAD:
• Mayores de ocho años
MATERIAL:
• Balones de kin-ball de 46 a 61 cm., o similares.
LUGAR:
• Interior • Exterior
ADAPTABILIDAD:
OBJETIVOS:
• Este juego consiste simplemente en rebotar sobre el balón imitando a un saltamontes.
DESARROLLO:
• El participante coloca el balón entre sus piernas y trata de recorrer una distancia, cierta, rebotando sobre el mismo. • Si se posee más de un balón sería interesante hacer pequeñas carreras.
REGLAMENTACIÓN:
• El participante puede utilizar sus manos para mantener su equilibrio sobre el balón. • Si cae el participante puede volver sobre el balón sin ser penalizado y continuar su carrera.

VARIANTES:

- Cuando los participantes son bastante hábiles pueden tratar de rebotar hacia atrás, de lado, y hasta hacer una carrera de obstáculos.

COMENTARIOS:

- Debemos animar al alumnado a mantener la espalda derecha y a guardar el centro de gravedad por encima del balón y no delante de este último.
- Con el fin de poder participar en el juego los participantes deben de ser capaces de sujetar el balón entre sus piernas.
- Para los iniciados se deben de colocar colchonetas para evitar hacerse daño en las caídas.

EXPLICACIÓN GRÁFICA DEL JUEGO:

NOMBRE: EL JUEGO DE LAS MANOS LIBRES
EDAD: • Mayores de cuatro años
MATERIAL: • Balones de kin-ball de 46 a 183 cm., o similares.
LUGAR: • Interior • Exterior • Piscina
ADAPTABILIDAD: • Para personas con deficiencia psíquica.
OBJETIVOS: • Saber utilizar todas las formas diferentes de transportar un balón sin utilizar las manos en su recorrido.
DESARROLLO: • El grupo debería estar dividido en subgrupos de 4 u 8 participantes.
REGLAMENTACIÓN: • Por supuesto el contacto del balón con las manos está prohibido. • Todos los participantes deben estar en contacto con el balón en todo momento.

VARIANTES:

- Para los niveles más avanzados los equipos deben recoger el balón por tierra ellos mismos. Esto es más difícil que cuando el profesor se los da.
- Se pueden organizar carreras entre los equipos participantes.
- Se puede organizar una carrera de obstáculos entre los participantes.
- Los jugadores pueden utilizar sus piernas para transportar el balón.

COMENTARIOS:

- Al principio el profesor debe ayudar al grupo para que tenga éxito. Debe decirles cuando un jugador debe tocar el balón o si necesitan utilizar una estrategia específica. Después de algunos ensayos los jugadores deberían poder trabajar como equipo.
- Este juego traerá conversaciones animadas entre los compañeros de equipo a propósito de las estrategias que hay que utilizar. Es una buena ocasión para que el profesor se aparte y compruebe como, ellos mismos, son capaces de organizarse.
- Los participantes tienden a agruparse bajo el balón en vez de alrededor y suelen estar demasiado cerca unos de los otros.

EXPLICACIÓN GRÁFICA DEL JUEGO:

NOMBRE: EL JUEGO DE LA LLUVIA DE METEORITOS
EDAD:
• Mayores de cuatro años
MATERIAL:
• Balones de kin-ball de 122 a 183 cm., o similares.
LUGAR:
• Interior • Exterior
ADAPTABILIDAD:
OBJETIVOS:
• Pasar por debajo del "meteorito" (Balón) sin que, éste, los toque.
DESARROLLO:
• El profesor tiene el balón en el centro del gimnasio. • Los participantes están divididos en dos líneas; el equipo 1 está frente al profesor y el equipo 2 está en su izquierda. • El balón imita a un meteorito que cae sobre la tierra. Para evitarlo los participantes deben correr sin ser tocados. • El profesor lanza el balón por encima de su cabeza. Después del primer bote el equipo número 1 trata de pasar bajo el meteorito para ir a la zona de seguridad por el otro lado. El segundo y el tercer bote son para el equipo número 2 que trata de hacer la mismo que el otro. El bote cuarto y último es de nuevo para el equipo número 1 que trata de asegurarse que todos los de su grupo han pasado al otro extremo.
REGLAMENTACIÓN:
• Cuando todos los jugadores de un equipo consigan pasar sin haber sido tocados recibirán un punto. • Los participantes van siempre en la misma dirección; jamás deben volver sobre sus pasos. • Si un participante es tocado puede volver al fin de la línea con la condición de que quede un bote para su equipo. No debe molestar a otros jugadores. • Al final de cada período de juego los equipos cambian de orden de salida y de orden de jugadores.

VARIANTES:

- Hasta cuatro líneas pueden ser formadas siempre que los participantes puedan jugar sin chocar entre ellos.
- El quinto bote puede ser utilizado por cualquier jugador que todavía no ha sido salvado.

COMENTARIOS:

- Para jugar a este juego hay que asegurarse de que el techo de la pista es lo suficientemente alto para permitir al balón hacer un mínimo de cuatro botes.
- El orden, de salida, debe ser cambiado en todos los equipos con el fin de permitirles a todos los jugadores experimentar las diferentes situaciones.
- Con el fin de evitar las colisiones los profesores deben asegurarse que los participantes miran a sus compañeros de equipo y no sólo al balón.
- No hay límite en cuanto al número de competidores que pueden pasar bajo el balón a cada bote.
- Para comenzar, los participantes más jóvenes, pueden hacer una variedad de otros ejercicios.

EXPLICACIÓN GRÁFICA DEL JUEGO:

NOMBRE: EL JUEGO DEL KIN-BALL BÉISBOL

EDAD:

- Mayores de ocho años

MATERIAL:
- Balones de kin-ball de 46 a 61 cm., o similares.
- Aros.

LUGAR:
- Interior
- Exterior

ADAPTABILIDAD:

OBJETIVOS:

- Pasar por todas las bases antes de que el balón llegue a la meta.

DESARROLLO:

- Juegan dos equipos con el mismo número de participantes.
- 4 jugadores de un equipo se colocan en forma de diamante (en sus bases correspondientes), como si de un terreno y partido de béisbol se tratara.
- Se colocan 5 aros que serán las bases por las que deberán ir pasando los jugadores del equipo que ataca.
- Solamente podrá haber un jugador por aro.
- Los jugadores que defienden estarán distribuidos por el campo.
- Todos tienen que haber vuelto al origen antes que el equipo defensor se halla pasado el balón de un jugador a otro, o sea, todos tienen que tocar el balón.
- Cuando el balón llega al quinto jugador del equipo defensor este gritará stop.
- Se otorgará un punto por cada jugador, del equipo ofensivo, que consiga dar la vuelta.

REGLAMENTACIÓN:

- Un partido normal tiene tres tiempos.
- Contrariamente al béisbol un balón cogido no hace que un jugador quede eliminado.
- Debe tener 5 nuevos jugadores en los aros después de cada tiempo.
- El jugador defensor puede moverse cuando tiene el balón en su poder.
- El balón debe pasar del aro 1 al aro 5 para poder parar el juego. Llevará el mismo trayecto que los jugadores ofensivos recorren para llegar al final.
- Los jugadores del equipo atacante deben de llevar su orden, no pueden adelantarse unos a otros ya que no obtendrían puntuación.

VARIANTES:

- Este juego puede también ser jugado como el béisbol utilizando los brazos para efectuar el saque. Los reglamentos son los mismos pero el balón debe ser golpeado por ambos brazos a la vez.
- El orden de los aros puede ser cambiado para hacer la tarea más difícil para el equipo defensivo. Con el fin de ser rápidos y eficaces los jugadores deberán comunicarse entre ellos.

COMENTARIOS:

- Todos los aros deberán estar colocados en el interior o por fuera del diamante para evitar que el balón cruce el trayecto de los jugadores del equipo ofensivo que corren hacia la base de llegada.

EXPLICACIÓN GRÁFICA DEL JUEGO:

DESARROLLO:

- Colocamos en el centro de un círculo, formado por el resto del alumnado, a otro con los ojos cerrados. El resto se separarán unos de otros y comienzan a pasarse el balón con las manos. El que está en el centro dirá (la bomba está a punto de explotar, ya llega la bomba) y cuando diga "¡BOMBA!", el jugador que tenga en ese momento el balón se sentará en el suelo con las piernas abiertas y mirando hacia dentro del círculo. Se continuará, igual, pero cuando la pelota llegue al que esté al lado del que está sentado tendrá que pasar por dentro de sus piernas y llegar al otro compañero que se encuentre de pié. Así se seguirá hasta que quede uno sólo.

REGLAMENTACIÓN:

- Pasar el balón con las manos de unos compañeros a otros.
- No pisar al que esté en el suelo.

BIBLIOGRAFÍA

- Rojas Pedregosa, P. (2009). Juegos Cooperativos para el Kin-Ball. Wanceulen, Sevilla.
- Rojas Pedregosa, P. (Coord.) (2006). El Kin-Ball Sport. Un juego integrador y cooperativo. Wanceulen, Sevilla.
- Rojas Pedregosa, P. y Obrero Tapias, J. (2010). Fichas de iniciación al Kin-Ball para Primaria (DVD). Wanceulen, Sevilla.
- Rojas Pedregosa, P. y Obrero Tapias, J. (2010). Fichas de iniciación al Kin-Ball para Secundaria (DVD). Wanceulen, Sevilla.

Web

www.kinballcordoba.es.tl

www.ingramcontent.com/pod-product-compliance
Lightning Source LLC
Chambersburg PA
CBHW070519090426
42735CB00012B/2844